VENTE

HOTEL DROUOT, SALLE N° 11

Les Lundi 17 et Mardi 18 Avril 1905

A 2 HEURES 1/4

BIJOUX

enrichis de

Diamants, Perles et Pierres de couleur

OBJETS D'ART — TABLEAUX

MEUBLES

de Styles XVIIe et XVIIIe siècles

TAPISSERIES ANCIENNES

Tapis — Tentures — Costumes

Me L. DESCHAMPS
COMMISSAIRE-PRISEUR
52, Boulevard Malesherbes

M. Arthur BLOCHE
EXPERT PRÈS LA COUR D'APPEL
51, Rue Saint-Georges, 51

EXPOSITION PUBLIQUE

Le Dimanche 16 Avril 1905, de 2 heures à 5 heures 1/2

C. CHAUFOUR

8-10, RUE MILTON, 8-10

PARIS

CONDITIONS DE LA VENTE

La vente sera faite expressément au comptant.

Les acquéreurs paieront *dix pour cent* en sus du prix d'adjudication.

L'exposition mettant le public à même de se rendre compte de la nature et de l'état des objets, aucune réclamation ne sera admise une fois l'adjudication prononcée.

DÉSIGNATION

BIJOUX

1 — Bague marquise pavée de quinze brillants.

2 — Paire de boucles d'oreilles enrichies chacune de huit brillants.

3 — Paire de boucles d'oreilles émeraudes cabochons entourées de diamants.

4-5 — Deux pendentifs et une broche en or ajouré enrichis de diamants. XVIIIe siècle.

6 — Sautoir en or avec boules en rubis entre deux perles.

7 — Epingle à chapeau pouvant former breloque ornée d'une émeraude cabochon et de diamants.

8 — Bague d'homme en or avec topaze gravée à tête de guerrier.

9 — Broche pendentif en or enrichie d'une grosse émeraude, de petites émeraudes, de diamants et d'un perle pendeloque.

10 — Bague en or, rubis entre deux brillants.

11 — Collier de six rangs de perles avec motifs en diamants.

12 — Bague d'homme en or avec applique en turquoise et brillants.

13 — Paire de boutons de manchettes en or ciselé et ajouré à feuillages.

14 — Paire de boutons de manchettes en or et saphirs.

15 — Bout de chibouk en ambre jaune.

16 — Garniture de chibouk en or fin émaillé.

17 — Trois petites cuillères à café turc en or.

18 — Bonbonnière en lapis lazuli, monture en or.

19 — Deux porte-tasses à café turc en argent.

20 — Porte-cigarette et briquet en argent et plaqué or.

21 — Grande et belle montre en or émaillé à fleurs, mouvement émaillé et ajouré, enrichie de perles fines.

22 — Montre en or émaillé offrant sur le boitier la Turquie, mouvement à sonnerie.

23 — Epingle de cravate en or ornée d'une émeraude gravée ancienne.

24 — Chaine de montre de dame en or et perles fines.

25 — Lot de quatre-vingt-huit brillants pesant 9 carats 27/32.

26 — Collier de chien de quinze rangs de perles fermoir en brillants.

27 — Broche barette enrichie de perles et brillants.

28 — Bourse en or avec chiffre en diamants.

29 — Cinq boutons en or enrichis de turquoises.

30 — Bague enrichie d'une turquoise et de quatre brillants.

31 — Bague enrichie d'une topaze et de diamants.

32 — Broche barette enrichie de perles, brillants et rubis.

33 — Ornement de coiffure enrichie de brillants anciens et saphir.

34 — Flacon enrichi de saphirs et de brillants.

35 — Epingle enrichie de diamants.

36 — Bracelet en or enrichi de coraux.

37 — Bracelet artistique en argent doré.

38 — Croix en or et cachet ancien.

39 — Bague marquise enrichie de dix-sept brillants.

40 — Bague en or enrichie de roses anciennes.

41 — Paire de boutons d'oreilles en or enrichis de saphirs entourés de diamants.

42 — Bague marquise en or, émaillée verte et enrichie de roses.

43 — Bague marquise en or enrichie de brillants et rubis.

44 — Epingle de cravate enrichie d'une émeraude entourée de dix brillants.

45 — Bague ancienne en or enrichie de diamants.

46 — Montre en or avec sa chaîne.

47 — Sautoir en or orné de cent dix-neuf perles fines.

48 — Montre et châtelaine en or enrichies de brillants et rubis d'Orient.

49 — Bague en or enrichie d'une perle fine entourée de seize brillants.

50 — Broche en or enrichie de trois perles fines.

51 — Couteau à fromage en argent.

52 — Paire de ciseaux à raisins en argent.

52 *bis* — Service à entremets en argent.

53 — Bourse en argent avec compartiment, fermoir gravé.

54 — Bourse en argent, intérieur à séparation.

55 — Bayadère perles fines, glands enrichis de rubis.

56 — Bague or et platine forme ovale enrichie d'un rubis reconstitué au centre et entouré de diamants et de rubis d'Orient.

57 — Bague or et platine ornée d'une opale avec double entourage en diamants.

58 — Bague or et platine, rivière enrichie de turquoises et de brillants.

59 — Marquise or navette enrichie de rubis et de diamants.

60 — Bague or arcades pavées de diamants et de six saphirs.

61 — Boucles d'oreilles or ornées de diamants entourés de diamants.

62 — Sautoir or orné de motifs or.

63 — Marquise or émeraude et diamants.

MINIATURES

64 — Miniature ovale sur ivoire « La reine Marie Antoinette » d'après VIGÉE LEBRUN.

64 — Miniature ronde sur ivoire. Jeune femme coiffée d'un chapeau dans un paysage.

66 — Miniature rectangulaire sur ivoire. Mme Récamier, d'après DAVID.

67 — Boîte à bijoux en bronze ciselé et doré orné d'une miniature sur ivoire.

OBJETS D'ART

68 — Jardinière en cristal monture en bronze doré.

69 — Paire de vases en cristal, monture en bronze doré.

70 — Coffret à bijoux en cristal et bronze.

71 — Petite statuette en bronze, l'Enfant au cerceau.

72 — Statuette en terre cuite : A. Posillipo par DORSI.

73 — Statuette en terre cuite. Première frayeur par RUTH MILLÈS.

74 — Statuette en terre cuite. Le petit Chaperon rouge par RUTH MILLÈS.

75 — Statuette en terre cuite. Le Déjeûner du chat par RUTH MILLÈS.

76 — Statuette en terre cuite. Le déjeûner des oies, par RUTH MILLÈS.

77 — Paire de flambeaux en bronze ciselé et doré à mufles de lions et draperies. Style Renaissance.

78 — Suspension en bronze disposée à quatre lumières électriques.

79 — Suspension électrique bronze deux lumières sous l'abat-jour et six lumières extérieures.

80 — Lustre Empire bronze doré cinq lumières à gaz avec verreries opalines et galeries bronze, agencé aussi pour l'électricité.

81 — Jarre à lait normande en cuivre.

82 — Icône russe.

83 — Pot à tabac en bois sculpté.

84 — Paire de vases bleus.

85 — Paire de vases en grès.

86 — Lampe juive en cuivre.

87 — Deux coupes arabes en cuivre.

88 — Plateau oriental en cuivre.

89 — Deux vases en cuivre damasquiné et ajouré.

90 — Deux coupes arabes en cuivre.

91 — Lanterne cuivre.

92 à 100 — Collection de quatre vingt-seize médailles en bronze « Rois et Reines de France » encadrées en deux plateaux de quarante-huit médailles.

101 à 110 — Lot d'armes européennes et orientales.

111 — Petite terre cuite signée CLODION : Satyre.

112 à 113 — Eventails arabes.

114 — Tambourin maure.

115 — Pot turc en cuivre.

MEUBLES

116 — Belle chambre à coucher Louis XV en noyer sculpté composée d'un lit de milieu, une armoire à trois portes et table de nuit.

117 — Buffet de salle à manger en bois sculpté.

118 — Table-bureau Renaissance noyer sculpté.

119 — Support Renaissance en noyer sculpté.

120 — Salon en noyer sculpté convert en soierie fond rouge à fleurs, composé d'un canapé, deux fauteuils et deux chaises.

121 — Armoire normande en bois sculpté. Epoque Louis XVI.

122 — Bureau cylindre en acajou. Epoque Louis XVI.

123 — Lit à colonnes en chêne sculpté Henri II avec sommier et matelas.

124 — Chambre à coucher en thuya et palissandre composée d'un lit, d'une armoire à glace et d'une table de nuit.

125 — Buffet en chêne ouvrant dans le haut et le bas à deux portes.

126 — Table de salle à manger.

127-128 — Deux cartonniers en bois noir avec carton.

129 — Petit fauteuil de bureau.

130 — Table à jeu en palissandre.

131 — Chambre à coucher en palissandre sculpté composée d'une armoire à glace, d'un lit et d'une table de nuit.

132 — Métier à broder en bois. XVIIIe siècle.

133 — Petite chaise à porteurs en peluche et soierie.

134 — Toilette Louis XV en bois sculpté peint blanc.

135 — Table en bois sculpté.

136 — Table-bahut pour modèle.

137 — Bahut en bois peint orné d'arabesques.

138 — Petite armoire, portes à glissières.

139 — Petit chiffonnier à quatre tiroirs pour les couleurs.

140 — Classe-gravures.

141 — Canapé-lit.

142 — Lit en fer et sommier.

143 — Deux fauteuils, cuir de Cordoue et bois sculpté.

144 — Deux fauteuils style Louis XIII en tapisserie au petit point.

145 — Fauteuil velours vert brodé.

146 — Quatre chaises style Louis XIII.

147 — Petit harmonium en acajou.

148 — Cartonnier.

149 — Quatre chevalets.

150 — Deux petits guéridons mauresques.

151 — Vitrine plate.

152 — Glace, cadre cuivre repoussé.

153 — Glace cadre de style Louis XVI.

154 — Deux supports gravures.

155 — Quatre petits supports bois sculpté et doré.

156 — Armoire style Louis XVI, acajou et cuivre.

157 — Poudreuse style Louis XVI, à cannelures.

158 — Petit guéridon japonais en laque.

159 — Psyché style Empire.

160 — Fontaine ancienne en cuivre.

161 — Grande glace Régence, à biseaux.

162 — Grande glace biseautée, cadre de style Louis XVI.

163 — Fumeuse ancienne en bois sculpté.

164 — Lit en bois sculpté de style Louis XVI.

165 — Casier à musique en bois de fer.

166 — Pied pour une plante en bois de fer.

167 — Lit-cage.

168 — Deux encoignures en acajou.

169 — Salamandre avec seau.

170 — Lots divers et débarras.

171 — Meubles et objets d'atelier.

TABLEAUX

AQUARELLES — DESSINS — GRAVURES

172 — BYARNE. Marine.

173 — BLIN. Paysage montagneux.

174 — BRISSOT. La rentrée des moutons.

175 — BRONZINO (Attribué à). Portrait de Bianca Capello.

176 — CHENU. Crépuscule.

177 — COROT (Genre de). Petit paysage.

178 — COURTOIS (dit le BOURGUIGNON). Deux grands dessins à la sépia.

179 — DAUBIGNY (Genre de). Paysage.

180 — DELACROIX (E.). Barque du Dante. Gravure.

181 — DELACROIX. Esquisse.

182 — DELCOURT (MAURICE). Etudes de femmes. Trois pastels.

183 — DIAZ (Genre de). Jeune fille et brebis.

184-195 — ECOLE MODERNE. Suite de vingt-deux tableaux. Sujets divers.

196 — ECOLE MODERNE. Paysage.

197 — ECOLE FRANÇAISE 1830. Paysage. (Etude).

198 — ECOLE FRANÇAISE 1830. Paysage.

199 — ECOLE FRANÇAISE XVIIIe SIÈCLE. Portrait de femme. Pastel ovale.

200 — ECOLE FRANÇAISE XVIIIe SIÈCLE. Portrait d'homme. Pastel.

201 — ECOLE FRANÇAISE. Scène familiale. Fusain rehaussé de gouache.

202 — FRANS (DU MONT). Scène du moyen âge.

203 — GENDROT. Laveuses.

204 — GÉRARD (1817). Pont de Sèvres et pont de Saint-Cloud. Petit tableau.

205 — HOFELICH. Grand paysage des Alpes.

206 — JACQUE (Attribué à CHARLES). Moutons.

207 — LANCRET (École de). Paysage avec personnages.

208 — LETHIERES (Attribué à). Jugement de Salomon.

209 — MERY (PAUL). Paysage d'hiver.

210 — NAPOLITAIN (JACQUES). Marines. Deux pendants.

211 — PETIT. Gerbes de fleurs. Deux tableaux se faisant pendants.

212 — ROUSSELLE (CHARLES). La plage de Berck.

213 — TEN CATE. Le Château de Windsor. Aquarelle.

214 — TIEPOLO (Attribué à). Moïse sauvé des eaux.

215 — TROYON (Attribué à C.). Vaches et chevaux à l'écurie.

216 — VAN DYCK (Attribué à). Descente de croix.

217 — VAN GOGH. Le Moulin de la Galette.

218 — VAN GOGH. Rue Saint-Vincent, effet de neige.

219 — VERNIER (Emile). Pêcheuse. Dessin.

220-225 — Suite d'études de l'Ecole moderne.

CADRES — OBJETS DIVERS

226 — Cadre en bois sculpté Louis XV.

227 à 230 — Suite de dix-huit cadres.

231 — Grand cadre de style Louis XVI.

232 à 240 — Moulures en plâtre.

241 à 250 — Sépias, sanguines, dessins, photographies et lithographies.

251-252 — Sequins, perles, nacre et costume russe.

253 — Deux narghilés.

254 — Boîte de compas.

255 — Reflecteur.

256 — Lanterne magique.

257 — Trois boîtes de couleurs.

258 — Samovar en cuivre.

259 — Dix-huit volumes en russe.

260 — Environ cinquante romans.

TAPISSERIES

TENTURES — TAPIS

261 — Grande tapisserie ancienne en deux parties d'Aubusson : Verdure.

262 — Grande tapisserie ancienne en Aubusson : Fleurs et verdure. H., 3^m25. L., 4^m65.

263 — Morceau de tapisserie ancienne : Chimère et dragon.

265 — Morceau de tapisserie verdure ancienne.

266 — Grand tapis de six mètres de long, damas rouge, application de velours vert et broderies or, genre oriental.

266 — Grand tapis italien colorié.

267 — Panneau en ancienne tapisserie représentant un paysage, cadre en bois sculpté.

268 — Paire de rideaux en velours.

269 — Grand couvre-lit en soierie Louis XVI.

270 — Tapis de soie brodée fond jaune.

271 — Deux gilets Louis XVI.

272 — Deux bandes brodées de soie.

273 — Lot de broderies anciennes.

274 — Tapis persan ancien.

275 — Grand châle espagnol.

276 — Deux bissacs arabes.

277 — Tapis persan.

278 — Tapis byzantin.

279 — Poignard arabe.

280 à 290 — Suite de trente-cinq costumes d'hommes et de femmes d'époques différentes pour théâtre.

291 — Objets omis.

www.ingramcontent.com/pod-product-compliance
Ingram Content Group UK Ltd.
Pitfield, Milton Keynes, MK11 3LW, UK
UKHW032030260826
14628UKWH00006B/2842

9 782329 530765